少林武术精粹系列丛书

少林拳（十四）

德虔　德炎　编著

北京体育大学出版社

责任编辑：姜艳艳
责任校对：曹晓燕
版式设计：李　鹤

图书在版编目（CIP）数据

少林拳. 十四 / 德虔, 德炎编著. -- 北京 : 北京体育大学出版社, 2022.1
（少林武术精粹系列丛书）
ISBN 978-7-5644-3576-9

Ⅰ. ①少… Ⅱ. ①德… ②德… Ⅲ. ①少林拳 - 套路(武术) Ⅳ. ①G852.15

中国版本图书馆CIP数据核字(2022)第007605号

少林拳（十四）
SHAOLINQUAN(SHISI)
德虔　德炎　编著

出版发行：北京体育大学出版社
地　　址：北京海淀区农大南路1号院2号楼2层办公B-212
邮　　编：100084
网　　址：http://cbs.bsu.edu.cn
发 行 部：010-62989320
邮 购 部：北京体育大学出版社读者服务部 010-62989432
印　　刷：北京昌联印刷有限公司
开　　本：880mm × 1230mm　1/32
成品尺寸：148mm × 210mm
印　　张：2.5
字　　数：49千字
版　　次：2022年1月第1版
印　　次：2022年1月第1次印刷
定　　价：13.80元

前 言

武术作为中国的国粹，是中华民族传统文化的组成部分。家喻户晓的少林武术便是其中极具代表性的门类，是中国武术的重要象征。

我社与少林武术结缘已久，伴随着时光的流逝，有多种内容、多样组合、各种形式的载有少林武术的出版物，源源不断地从我社注入市场，为方兴未艾的少林武术热潮平添了更高的热度。可以说，少林武术图书一直与我社相伴相随，成为我社具有长期出版价值的图书门类。其中，少林武术图书的编纂者——已故的王长青（法号释德虔）先生功不可没。他经年累月锲而不舍，寻于寺院、觅于乡间，挖掘出大量尘封的少林武术资料，继而分门别类梳理、整饬成一册册书稿，并与我社携手努力，打造出独树一帜的武术图书板块，为我社的武术图书出版打开了新局面。

今天，在着力弘扬中华优秀传统文化，树立和增强文化自信的大背景下，我社将以往出版的少林武术书籍重新进行了编排，以全新的面貌推出“少林武术精粹系列丛书”，这是我社多年来少林武术出版情结的延续，是对积累和沉淀的少林武术资源的再一次整合与展示，更紧密契合了时代的要求。

通过这套书，读者可以研习刚柔相济、闪转腾挪的少林功夫，可以感悟其中凝结的中华智慧，可以领略武术文化的博大精深……这便是我社对这套书出版价值的期待。

目　录

五路少林金刚拳

动作名称

预备势
1.独龙出洞
2.金雕展翅
3.野马弹踢
4.怀中抱月
5.倒踢北斗
6.魁星抱斗
7.野马转峰
8.恶虎登山
9.鲁班拉钻
10.金鸡抖膊
11.紫燕钻云
12.乌龙摆尾
13.飞上天堂
14.罗汉钻井
15.旱地栽花（一）
16.旱地栽花（二）
17.窝肚开花（一）
18.窝肚开花（二）
19.风卷梅花
20.霸王传令
21.猿猴扑地
22.猿猴穿枝
23.猛虎扑地
24.金豹撞山
25.青龙盘爪
26.毒蛇钻肠
27.白猿献果
28.天官赐福（一）
29.天官赐福（二）
30.黑风卷海
31.野马转峰
32.大鹏斜展翅（一）
33.大鹏斜展翅（二）
34.金龙旋云
35.果老砍瓜
36.怪蟒翻身
37.仙人指路（一）
38.仙人指路（二）
39.罗汉扫尘
40.钟离挥扇
41.独立拜佛
42.飞上天堂
43.弯弓射雁
44.迷糊手
45.罗汉还礼
46.罗汉合十
收　势

动作图解

预备势

身体挺直，两臂自然下垂，两手五指并拢，掌心向内，掌指向下；两腿挺直并立，两脚成八字；目视正前方。（图1）

1.独龙出洞

两脚踫地，身体向左转90度，抬右腿原地震脚落地，同时左脚上前一步，屈膝成左弓步；两手同时变拳，由前向左向上方画弧再向下向前直臂冲出，拳心向下；目视两拳。（图2）

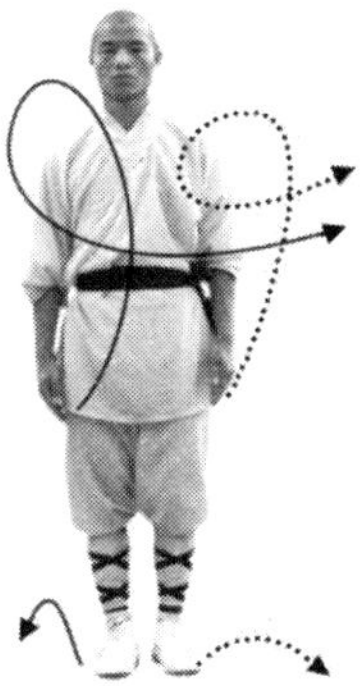

图 1

图 2

2.金雕展翅

左脚向后收回半步，脚尖点地成左虚步，右腿屈膝半蹲；同时两拳由前向上向后再向两侧下方画弧，抱于两肋外侧，拳心向内；目视前方。（图3）

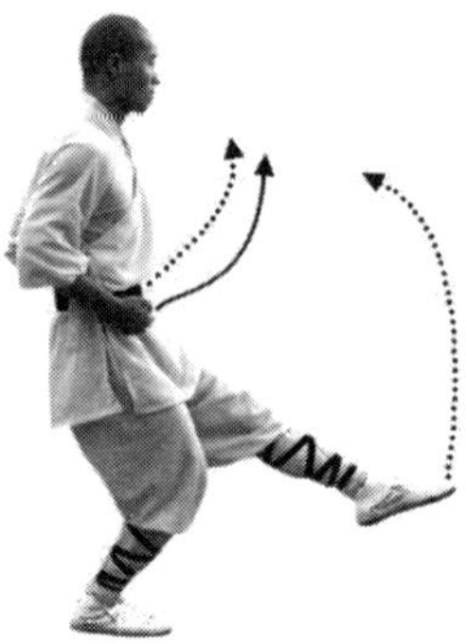

3.野马弹踢

右腿直立，速抬左腿向前猛力弹踢；两拳不变；目视前方。（图4）

4.怀中抱月

左脚在前方落地，速抬右脚上前与左脚并步站立；同时两拳迅速变掌由前向上再向两侧下方划弧外展，然后屈肘交叉抱于胸前，左掌在内，右掌在外，两掌心斜向外，掌指向上；目视前方。（图5）

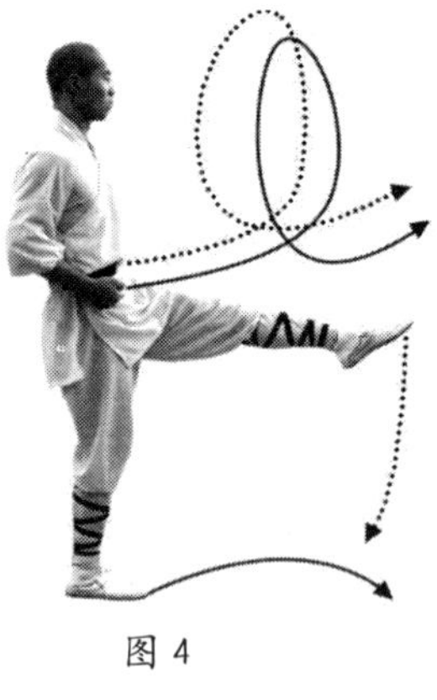

图 4

图 5

5.倒踢北斗

两脚跳起，身体向右转180度，抬右腿向前弹踢；同时两掌变拳，左拳架于左肋外侧，拳心向右，拳眼向下，右臂屈肘，右拳紧抱于左肋前侧，拳心向内，拳眼斜向上；目视右脚。（图6）

6.魁星抱斗

右脚在身体右侧落地，同时左腿提起，成独立势；两拳同时由左向右再向上向左，在胸前画弧（左拳内、右拳外），然后右拳举于头上右侧，拳心向前，左臂屈肘，左拳护于右腋下，拳心向内；目视左侧。（图7）

图 6

图 7

7.野马转峰

右脚原地不动，左脚向前猛力弹踢；两拳不变；目视左侧。（图8）

8.恶虎登山

左脚落地，两脚踉地，身体向左转90度，左腿屈膝成左弓步；右拳由后向前直臂冲出，拳心向下，高与肩平，左臂屈肘，左拳抱于左肋前下侧，拳心向上；目视右拳。（图9）

图 8

图 9

9.鲁班拉钻

左脚直腿站立，抬右脚向前弹踢；同时左拳向前直臂冲击，拳心向下，右臂屈肘收回，右拳抱于右肋前，拳心向内；目视左拳。（图10）

10.金鸡抖膊

右脚在前一步落地，左腿向后提起；两拳变掌，右掌前展于右侧前方，掌心向前，掌指向上，左掌上展于左侧上方，掌心向外，掌指向右；目视前方。（图11）

图 10

图 11

11.紫燕钻云

左脚不落地，右脚跳起，向前上方弹踢；当全身腾空时，速出右掌由上向下拍击右脚面，左掌变勾手后架于左后上侧，勾尖向下；目视右掌。（图12）

图 12

上述动作不停，右脚不落地，左脚落地后，迅速跳起，向前上方弹踢；当全身腾空时，左勾手迅速变掌由上向下拍击左脚面，右掌后架于右后上方，掌指向后；目视左掌。（图13）

上述动作不停，左脚不落地，右脚落地后，迅速跳起，向前上方弹踢；当全身腾空时，右掌由上向下拍击右脚面，左掌后架于身左后上方，掌指向后；目视右掌。（图14）

图 13

图 14

12.乌龙摆尾

左脚落地，右脚在左脚前半步落地，速抬左脚向右后下方踹蹬；同时右掌下落在右后侧，拍击左脚掌内侧，左掌展于前上方，掌心斜向前，掌指斜向上；目视前方。（图15）

上述动作不停，右脚踮地，身体向右转180度，左脚不落地，迅速外摆；左掌迅速下落，拍击左脚掌内侧，右掌展于前右上方，掌心斜向上，掌指斜向左；目视左侧。（图16）

图 15

图 16

13.飞上天堂

左脚不落地，右脚速抬起，向前上方弹摆；当全身腾空时，速出双掌由右向左拍击右脚面；目视两掌。（图17）

14.罗汉钻井

左脚落地，右脚落于左脚后半步，两脚踝地，身体向右转90度，抬左脚落于右脚后外侧半步，成叉步，两腿屈膝成歇步；两掌同时变拳，右拳向右下方直臂栽击，拳心斜向下，左拳横架头上前方，拳心向前，拳眼斜向下；目视右拳。（图18）

图 17

图 18

15.旱地栽花（一）

起身，抬左脚向左横跨一步，震脚落地，右脚与左脚并步，两腿屈膝下蹲；两拳同时变掌，左掌向左下方插栽，掌心斜向内，掌指斜向下，右臂屈肘，右掌护于右肋前，掌心斜向上，掌指斜向左；目视左掌。（图19）

16.旱地栽花（二）

右脚抬起，向右一步落地震脚，左脚与右脚并步，屈膝下蹲；右掌向右下方插栽，掌心向内，掌指斜向下，左臂屈肘，左掌护于左肋前，掌心斜向上，掌指斜向右；目视右掌。（图20）

图 19

图 20

17.窝肚开花（一）

两脚踾地，身体向左转90度，左脚向左上一步，屈膝成左弓步；两掌变拳，左拳挑于前方，拳心向下，右臂屈肘，右拳护于右肋前，拳心向内；目视左拳。（图21）

18.窝肚开花（二）

两脚踾地，身体向右转180度，右腿屈膝成右弓步；两臂屈肘，右拳向前猛力挑击，拳心向内，左拳护于左肋前，拳心向上；目视右拳。（图22）

图 21

图 22

19.风卷梅花

左脚抬起，落于右脚前一步，两脚踝地，身体向右转90度，右腿屈膝成右虚步；左拳变掌，与右拳由外向内在胸前交合，左掌在上，掌心向右，掌指斜向上，右拳在下，拳心向内；目视左侧。（图23）

20.霸王传令

两脚不动；左掌由右向左下方斩劈于左侧下方，掌心向下，掌指斜向左，右臂屈肘，右掌护于右胸前，掌心向内，掌指向内；目视左掌。（图24）

图 23

图 24

21.猿猴扑地

两脚跳起，落地并步全蹲；两掌向两侧扑地，掌心向下，掌指向前；目视前方。（图25）

22.猿猴穿枝

起身，两脚跳起，两腿尽力上提；当全身腾空时，速出两掌在头上交合鸣掌；目视前方。（图26）

图 25

图 26

23.猛虎扑地

两脚相距一步落地，右腿屈膝，全蹲成左仆步；两掌由上向下落于右脚两侧扑地，掌指斜向前；目视左侧。（图27）

24.金豹撞山

起身，两脚踼地，身体向左转90度，左腿屈膝成左弓步；两掌变拳，向前猛力探身冲出，两拳心相对，拳眼斜向左；目视前方。（图28）

图 27

图 28

25.青龙盘爪

左脚不动，抬右脚向前弹踢；同时右拳变掌，由上向下拍击右脚面，左臂屈肘，左拳收抱于左肋下，拳心向上；目视右掌。（图29）

上述动作不停，右脚落地，左脚抬起向前弹踢；左拳变掌，由上向下拍击左脚面，右臂屈肘，右掌变拳，收抱于右肋下，拳心向上；目视左掌。（图30）

图 29

图 30

26.毒蛇钻肠

左脚前一步落地，抬右脚向前与左脚并步震脚，两腿屈膝下蹲；右拳变掌，由后向前下方揣击，掌心斜向上，掌指斜向下；左臂上架，高与眉齐，掌心斜向下，掌指斜向上；目视前方。（图31）

27.白猿献果

两脚向前起跳一步，右脚落地，左腿向后提起；右掌向前猛穿，掌心向下，掌指向前，左臂屈肘，左掌护于左肋前，掌心向上，掌指向前；目视右掌。（图32）

28.天官赐福（一）

左脚上前一步落地，右腿迅速提起；左掌向前穿出，掌心向前，掌指向上，右臂屈肘，右掌护于左肘弯内，掌心向左，掌指斜向上；目视左掌。（图33）

图 31

图 32

29.天官赐福（二）

右脚向前半步落地震脚，左脚抬起落于右脚前一步，两脚踉地，身体向右转90度，两腿屈膝成马步；两掌同时向左侧推出，左掌在前，右臂屈肘，右掌护于左肘弯上，掌心向左；目视左掌。（图34）

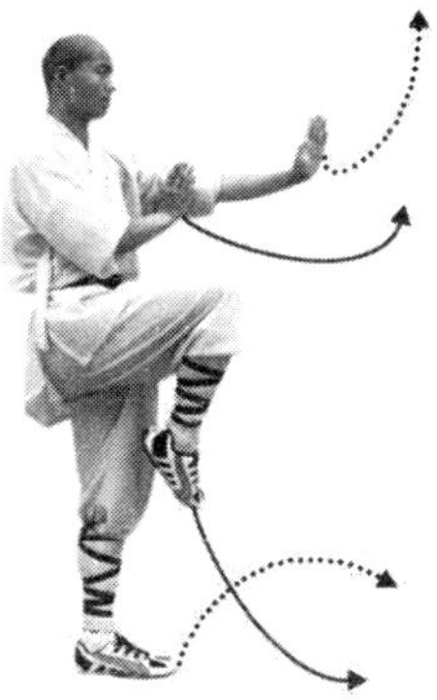

图 33

图 34

30.黑风卷海

两脚踮地，身体向左转90度，速抬右脚向前弹踢；左掌上架于左侧上方，同时右臂向左侧展出，两掌心斜向前，掌指向左；目视右脚。（图35）

31.野马转峰

右脚在左脚前半步落地，两脚踮地，身体向左转270度，速抬左脚向左弹踢；两掌变拳，右拳上冲于头上右侧，拳心斜向前，左臂屈肘，左拳护于右肋前，拳心向内；目视左脚。（图36）

图 35

图 36

32.大鹏斜展翅（一）

左脚向左侧一步落地，两脚踮地，身体向左转60度，左腿屈膝成左弓步；两拳变掌劈击，右掌劈于前方，掌心向前，掌指斜向上，左掌劈展于左侧上方，掌心向上，掌指向右；目视右掌。（图37）

33.大鹏斜展翅（二）

两脚蹍地，身体向右转180度，右腿屈膝成右弓步；两掌随身体转动，猛向右方双劈掌，左掌由后向前方劈击，掌心向前，掌指向上，右掌劈展于右侧上方，掌心向外，掌指斜向上；目视左掌。（图38）

图 37

图 38

34.金龙旋云

两脚向左侧跳步，身体向左旋转360度，右脚落地站稳，左脚在右腿后点地。两掌随转体外展，左掌展于身前，掌心向前，掌指向上，右掌展于右侧前上方，掌心向外，掌指斜向上；目视前方。（图39）

35.果老砍瓜

左脚在右脚后一步落地，两脚蹍地，身体向左转180度，左腿屈膝成左弓步；两掌由后向前方推出，掌心向前，掌指斜向上；目视

两掌。（图40）

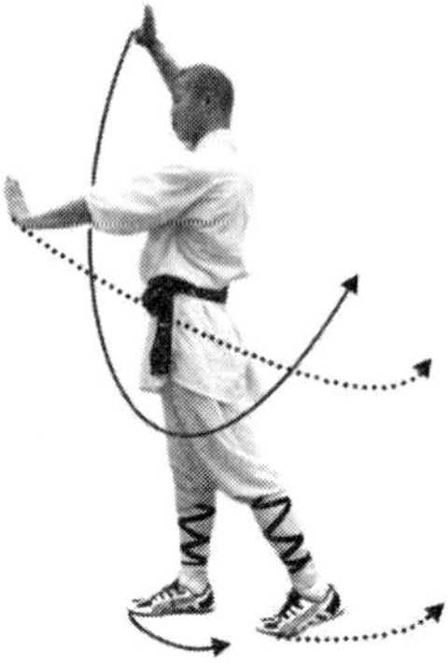

图 39

图 40

36.怪蟒翻身

两脚跳起，身体向右转270度，两脚相距一步落地，右腿屈膝成右弓步；两掌随身体转动，左掌由右向左平扫，掌心向左，掌指向上，右臂屈肘，右掌护于右胸前，掌心斜向下，掌指向左；目视左掌。（图41）

37.仙人指路（一）

两脚踝地，身体向左转90度，抬右脚落于左脚前一步，屈膝成右弓步；右掌向右侧冲出，掌心向前；左臂屈肘，左掌护于左肋前，掌心向上，掌指斜向前；目视右手。（图42）

上述动作不停，左脚抬起向前上步，屈膝成左弓步，左掌变金剪指，向前方冲点，指心向下，指尖向前，右手指变掌，屈肘护于右肋前，掌心向下，掌指向前；目视左手。（图43）

38.仙人指路（二）

右脚抬起，上前一步落地，左腿微屈，左脚尖点地；右掌变金剪指，向前冲点，指心向下，指尖向前，左臂屈肘，左手指变掌护于左肋前，掌心向上，掌指向前；目视右手。（图44）

图 41

图 42

图 43

图 44

39.罗汉扫尘

以右脚为轴蹍地，身体向左转360度，左脚落于右脚前一步，左腿屈膝成左弓步；右手变掌，两掌随身体转动向前猛扫，右掌扫甩于前，掌心向左，掌指向前，左掌扫于后，屈肘护于胸前，掌心向右，掌指向上；目视右掌。（图45）

40.钟离挥扇

右脚抬起落在左脚前一步，屈膝成右弓步；右掌收回胸前，再向前方崩出，掌心向左，掌指向前；左掌横架于头上，掌心斜向上，掌指斜向右；目视右掌。（图46）

图 45

图 46

41.独立拜佛

右脚于左脚后半步落地，两脚蹍地，身体向右转180度，提左腿成独立势；两臂屈肘，两掌合掌，掌指向上拱于胸前；目视两掌。（图47）

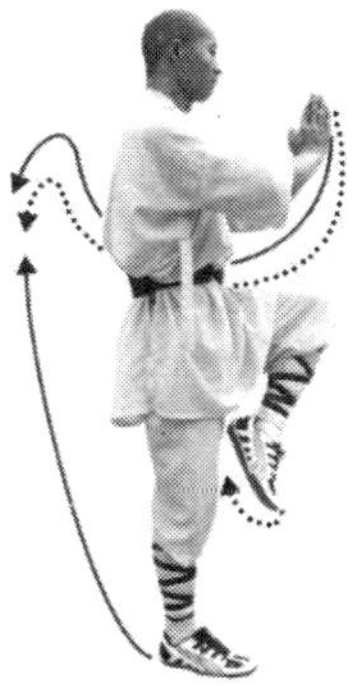

图 47

42.飞上天堂

左脚不落地，右脚速抬起，向前上方弹摆；当全身腾空时，速出两掌由右向左拍击右脚面；目视两掌。（图48）

43.弯弓射雁

两脚落地，然后两脚踾地，身体向左转90度，右腿屈膝成右弓步；两掌落于胸前交合，左掌迅速推向前方，掌心向前，掌指向上，右臂屈肘，右掌护于右肋侧，掌心斜向下，掌指斜向上；目视左掌。（图49）

图 48

图 49

44.迷糊手

抬右脚移于左脚前半步成虚步；两手由外向内交合成下叉手，左掌在内，右掌在外，掌心斜向下，两掌指斜向前；目视前方。（图50）

上述动作不停，右脚向后撤一步，落于左脚后，身体向右转180度；两手分开，再交合于胸前成下叉手，右掌在下，左掌在上，掌心向下；目视两掌。（图51）

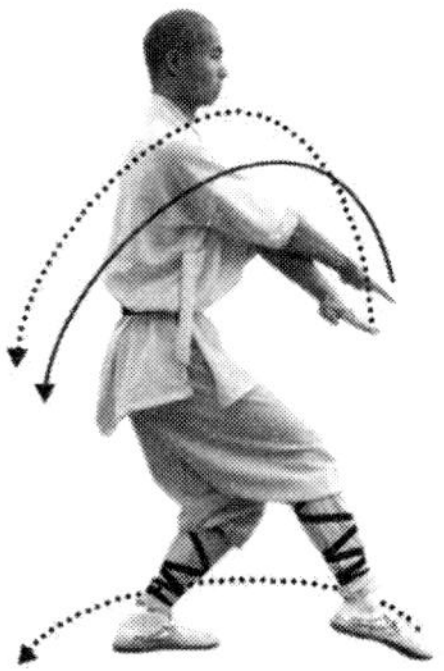

图 50

图 51

上述动作不停，左脚向右移步，落于右脚前半步成左虚步；两手同时向外旋腕，然后右手由下向上架于头上前方，掌心斜向上，掌指向左，左手由下向后甩成反勾手，勾尖向上；目视左侧方。（图52）

45.罗汉还礼

左脚撤步，与右脚并拢站立；右掌下落于胸前，左勾手变掌由后前穿在胸前，与右掌交合成下叉手，然后右掌由前向右再向上横

架于头上前方，掌心向上，掌指斜向左，左掌由前向上向左再向下端于腹部，掌心向上，掌指向右；目视前方。（图53）

图 52

图 53

46.罗汉合十

两脚不动；左掌上举，与右掌共同外展，向两侧画弧，再向下向里上抱于胸前，成十字叉手，左掌在内，右掌在外，两掌心向外，掌指向上；目视前方。（图54）

收　势

两脚不动；两掌下落再向外向上向里画弧，然后下落于两胯外侧，掌心向内，掌指向下；目视正前方。（图55）

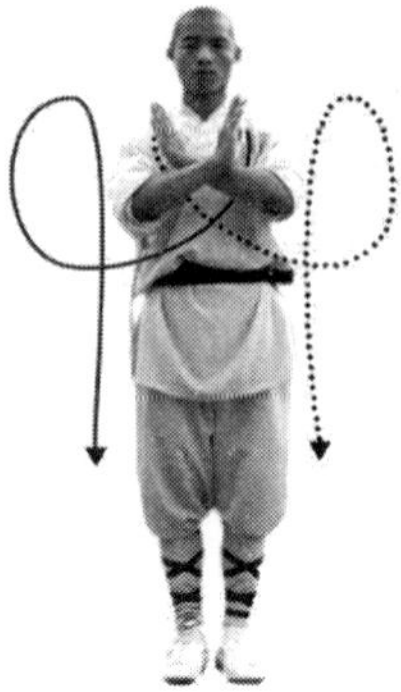

图 54

图 55

六路少林金刚拳

动作名称

预备势
1.独龙出洞
2.金雕展翅
3.野马弹踢
4.怀中抱月
5.倒踢北斗
6.魁星抱斗
7.野马转峰
8.恶虎登山
9.白猿献果
10.金龙旋云
11.追蛇入洞
12.金刚卧地
13.喜雀登枝
14.仙卷银席
15.卧佛落尘
16.地下翻花
17.金刚卧地
18.卧地金刚
19.喜雀登枝
20.黑风卷地
21.卷地黄风
22.黑风卷地
23.卷地黄风
24.打坐参禅
25.金刚拍案
26.罗汉捧香
27.猿猴穿枝
28.旱地钻井
29.青龙回头
30.仙卷银席
31.连卷银席
32.子胥过关
33.张飞骗马
34.回马斩将
35.金豹扣爪
36.风卷霹雷
37.乌龙摆尾
38.飞上天堂
39.弯弓射雁
40.迷糊手
41.罗汉还礼
42.罗汉合十
收　势

动作图解

预备势

身体挺直，两臂自然下垂，两手五指并拢，掌心向内，掌指向下；两腿挺直并立，两脚成八字；目视正前方。（图1）

1.独龙出洞

两脚踬地，身体向左转90度，抬右腿原地震脚落地，同时左脚上前一步，屈膝成左弓步；两手同时变拳，由前向左向上方画弧再向下向前直臂冲出，拳心向下；目视两拳。（图2）

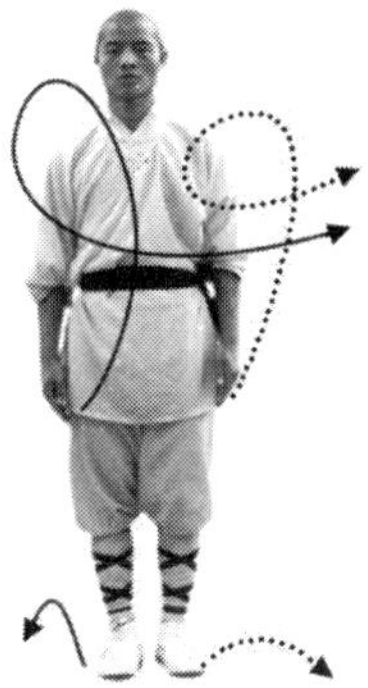

图 1

图 2

2.金雕展翅

左脚向后收回半步，脚尖点地成左虚步，右腿屈膝半蹲；同时两拳由前向上向后再向两侧下方画弧，抱于两肋外侧，拳心向内；目视前方。（图3）

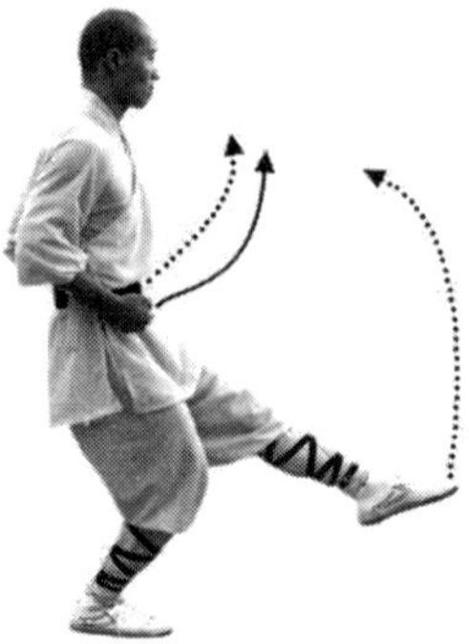

3.野马弹踢

右腿直立，速抬左腿向前猛力弹踢；两拳不变；目视前方。（图4）

4.怀中抱月

左脚在前方落地，速抬右脚上前与左脚并步站立；同时两拳迅速变掌由前向上再向两侧下方划弧外展，然后屈肘交叉抱于胸前，左掌在内，右掌在外，两掌心斜向外，掌指向上；目视前方。（图5）

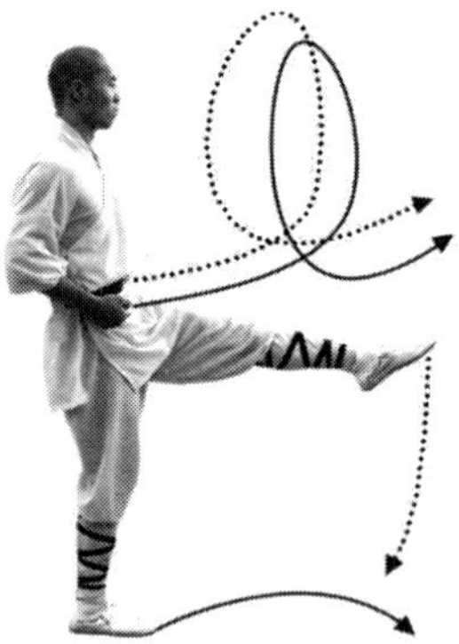

图 4

图 5

5.倒踢北斗

两脚跳起，身体向右转180度，抬右腿向前弹踢；同时两掌变拳，左拳架于左肋外侧，拳心向右，拳眼向下，右臂屈肘，右拳紧抱于左肋前侧，拳心向内，拳眼斜向上；目视右脚。（图6）

6.魁星抱斗

右脚在身体右侧落地，同时左腿提起，成独立势；两拳同时由左向右再向上向左，在胸前画弧（左拳内、右拳外），然后右拳举于头上右侧，拳心向前，左臂屈肘，左拳护于右腋下，拳心向内；目视左侧。（图7）

图 6

图 7

7.野马转峰

右脚原地不动，左脚向前猛力弹踢；两拳不变；目视左侧。（图8）

8.恶虎登山

左脚落地，两脚踝地，身体向左转90度，左腿屈膝成左弓步；右拳由后向前直臂冲出，拳心向下，高与肩平，左臂屈肘，左拳抱于左肋前下侧，拳心向上；目视右拳。（图9）

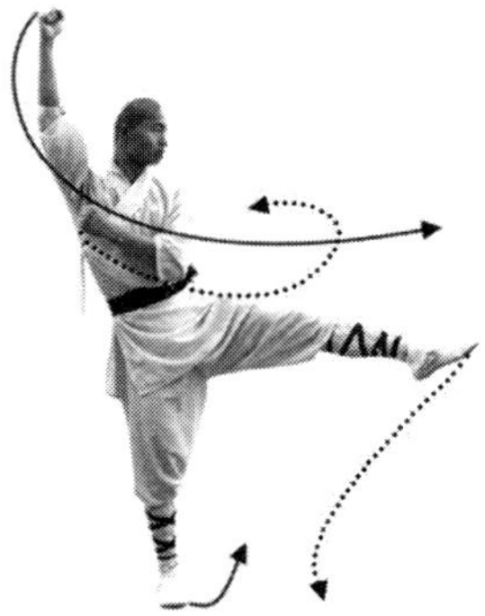

图 8

图 9

9.白猿献果

两脚踝地，身体向右转90度，收左脚与右脚并步，两拳由左向右摆击（图10）。

左腿向前提起，成独立势，两拳向右侧冲击，拳心向下，高与肩平；目视右拳。（图11）

10.金龙旋云

左脚在左侧一步落地，然后两脚离地向左侧旋跳，身体向左转270度，右脚落地站稳，左脚落在右脚右后方；两拳同时变掌，随身

旋展，左掌展推于前方，掌心向前，掌指斜向上，右掌展于右侧前上方，掌心向前，掌指斜向上；目视前方。（图12）

图 10

图 11

图 12

11.追蛇入洞

左脚在右脚后方一大步落地，身体向左转180度，右脚紧向前擦地移步，停于左脚后半步，两腿屈膝成跪步；两掌变拳，左拳向前推出，拳心向下，右拳由后向前下方砸击，拳心斜向后；目视右拳。（图13）

上述动作不停，起身，两脚向前纵跳大步落一地，两脚相距半步，两腿屈膝成跪步，两拳随纵跳时由下向上掤架，然后两拳变掌，左掌向前推出，掌心向前，掌指向上，右掌向下栽击，掌心斜向前，掌指斜向下；目视前方。（图14）

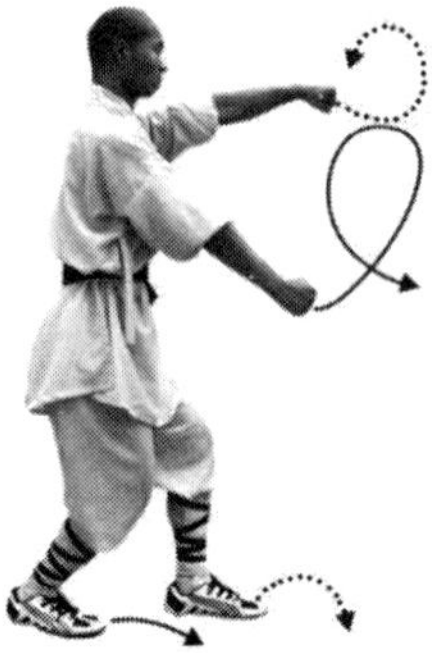

图 13

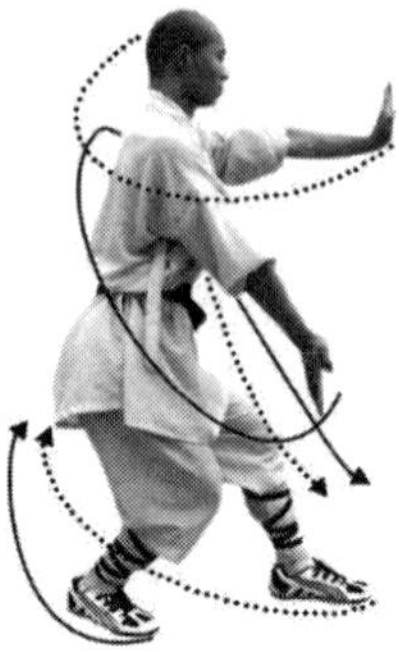

图 14

12.金刚卧地

身体向右转270度，两腿离地，向左蹬击落地，左腿在上在前，右腿在下在后，成剪形；两掌迅速按地，掌指向前；目视两脚。（图15）

图 15

13.喜雀登枝

左腿收回屈膝，贴近右胯前，右腿贴地蹬直；两手按地不变；目视右脚。（图16）

上述动作不停，左腿用力向左侧猛蹬直，右脚迅速收回，同时

右腿屈膝全蹲，成左仆步；两手仍按地，掌心向下，掌指向前；目视左脚。（图17）

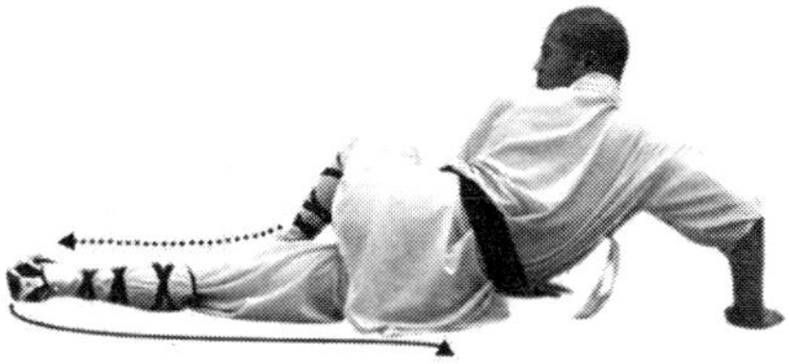

图 16

图 17

14.仙卷银席

起身，两脚蹍地，身体向左转90度，抬右脚于左脚前半步落地，身体向下探，弓腰低头；两掌变拳，右拳屈肘于身前下方，拳心向左，左拳屈肘于左肋前方，拳心向右；目视右拳。（图18）

上述动作不停，身体向前翻滚，右腿伸直，左腿屈膝坐地；右拳变掌举于头上前方，掌心斜向前，左拳护于胸前，拳心向下；目视前方。（图19）

图 18

图 19

15.卧佛落尘

左拳变掌，两掌向前按地；身体向右转90度，然后双脚离地，向左侧蹬踹，左腿在上在前，右腿在下在后，成剪形；目视前下方。（图20）

图 20

16.地下翻花

两脚速收回，右腿伸直于右侧，左腿屈膝全蹲，成右仆步；两手按地于身前；目视右侧。（图21）

上述动作不停，左脚稍内收移步，右腿由右向左沿地面扫击，

身体向左转180度；目视右脚。（图22）

上述动作不停，右腿继续向左扫击，身体向左转90度，左脚离地，跳过右腿，屈膝全蹲成低跪步；两掌抬起，闪过右腿，前按地于左脚前，掌心向下，掌指向前；目视前方。（图23）

上述动作不停，右腿继续向前扫击，身体向左转90度；目视右脚。（图24）

上述动作不停，右腿继续由右向前向左扫击，左脚跳起，闪过右腿后屈膝收于右胯前；两手抬起，闪过右扫腿后，仍然按地，掌心向下，掌指向前；目视前方。（图25）

图 21

图 22

图 23

图 24

图 25

17.金刚卧地

两脚离地收回，右腿迅速向右侧仆地蹬踹，左腿屈膝贴地；目视右脚。（图26）

图 26

18.卧地金刚

两脚离地收回，右腿迅速向左侧仆地蹬击，左腿压放于右腿前；两掌不变；目视前方。（图27）

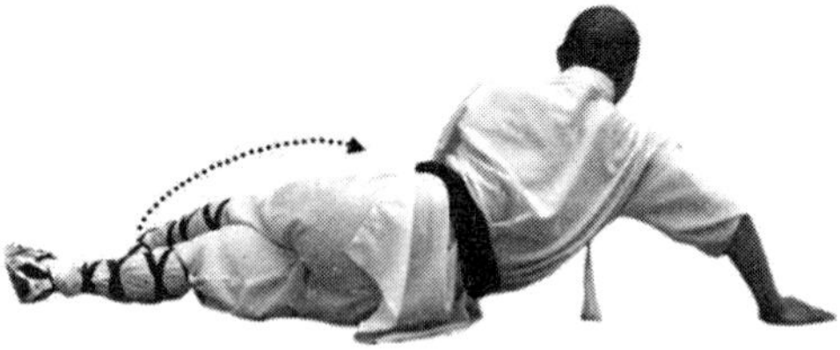

图 27

19.喜雀登枝

右腿伸直不变，左腿屈膝收回；两掌不变；目视右脚。（图28）

上述动作不停，右脚迅收回屈膝全蹲，左腿迅速蹬出成仆步；两掌仍按地；目视左侧。（图29）

图 28

图 29

20.黑风卷地

左腿屈膝全蹲，右腿伸直成仆步由右向左扫击，身体向左转180度；两掌随身体向左转按于左脚两侧；目视右脚。（图30）

21.卷地黄风

右腿屈膝全蹲，左腿伸直成仆步由右向左扫击，身体向左转180度；两掌随转体按于右脚两侧；目视左脚。（图31）

图 30

图 31

22.黑风卷地

左腿屈膝全蹲，右腿伸直成仆步由右向左扫击，向左转体180度；两掌随转体按于左脚两侧；目视右脚。（图32）

23.卷地黄风

右腿屈膝全蹲，左腿伸直成仆步由右向左扫击，向左转体180度；两掌随转体按于右脚两侧；目视前下方。（图33）

图 32

图 33

24.打坐参禅

两脚踩地，身体向左转90度，右脚移步靠于左脚后外侧半步，成十字坐盘腿，坐地盘膝；右掌向身前开出立掌，掌心向左，掌指向上，左臂屈肘护于胸前下方，左掌心向右，掌指斜向前；目视右掌。（图34）

25.金刚拍案

两腿不动；两掌由胸前向下猛力拍地；目视两掌。（图35）

图 34

图 35

26.罗汉捧香

两脚微跳起身，两腿屈膝变马步；两臂屈肘合掌在胸前，两掌指向上；目视两掌。（图36）

27.猿猴穿枝

两脚跳起；两掌微分开，掌指向前；目视两掌。（图37）

图 36

图 37

28.旱地钻井

两脚落地，两腿屈膝成马步；两掌同时变拳，由上向腹前猛栽击，两拳心向内，拳眼相对；目视两拳。（图38）

29.青龙回头

右脚上前一步，左脚向右脚后方上半步，两脚踬地，身体向左转90度，两腿屈膝成马步；两拳变掌，右掌上架于头上前方，掌心向前，掌指向左，左掌护于右肋侧，掌心向右，掌指斜向上；目视前方。（图39）

图 38

图 39

30.仙卷银席

两脚踬地，身体向左转90度，右脚向前上一大步屈膝，左脚前移，身向前探；两掌变拳，屈肘横于头前下方，拳心向后，拳眼相对；目视前下方。（图40）

图 40

31.连卷银席

身体向前贴地，抡臂向前滚翻，而后右腿伸直，左腿屈膝；两拳仍在胸前不变；目视前方。（图41）

上述动作不停，再向前作两次滚翻。

图 41

32.子胥过关

起身，右脚落地，抬左脚前上半步；右拳向前直冲，拳心向下，左臂屈肘，左掌护于左肋外侧，拳心向上；目视右拳。（图

42）

33.张飞骗马

左脚稍前移，抬右脚向前扣踢；同时两拳变掌，速出左掌由左向右拍击右脚掌内侧，右掌架于前方，掌心向前，掌指斜向上；目视前方。（图43）

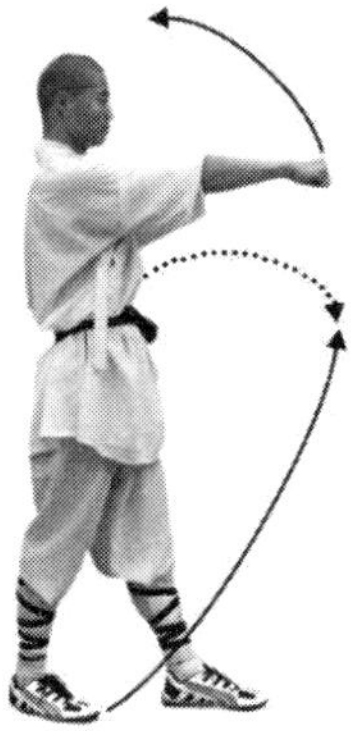

图 42

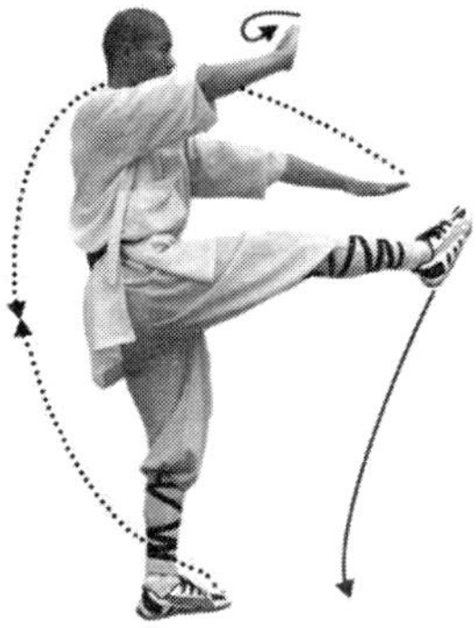

图 43

34.回马斩将

右脚下落于左脚内侧，两脚迅速踝地，身体向左转180度，左腿迅速抬起向左侧摆踢；同时出左掌由左向右拍击左脚掌外侧，右掌上架于头上右侧，掌心向前，掌指斜向上；目视左前方。（图44）

35.金豹扣爪

左脚在身体左侧一步落地，迅速抬右脚向前扣踢；同时速出左掌由左向右拍击右脚掌内侧，右掌上架于头上右侧，掌心向前，掌指斜向左；目视右脚。（图45）

图 44

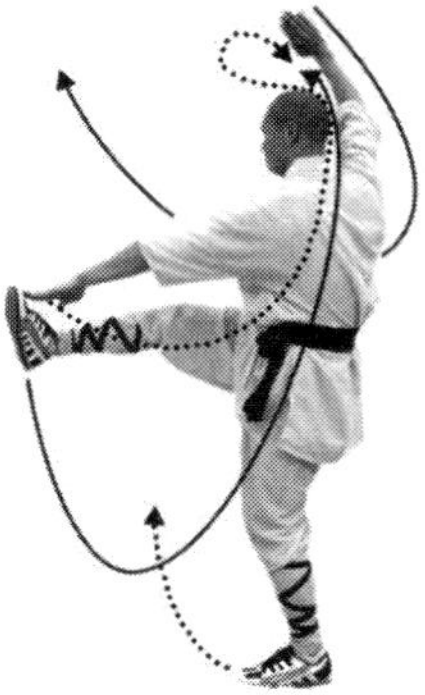

图 45

36.风卷霹雷

右脚在左脚前半步落地，两脚跳起向左旋踢；当全身腾空时，速出左掌拍击右脚面，右掌外展于右后上侧，掌心向外，掌指斜向上；目视右脚。（图46）

上述动作不停，左脚落地，右脚落于左脚前一步，屈膝成右弓步；左掌上展于左侧上方，掌心向左，掌指向上，右掌下劈于右下方，掌心向左，掌指向前；目视前方。（图47）

上述动作不停，两脚跳起，速抬右脚向左上方旋踢，身体向左转180度；当全身腾空时，速出左掌由左向右拍击右脚掌内侧，右掌外展于右后上侧，掌心向外，掌指向上；目视右脚。（图48）

图 46

图 47

图 48

37.乌龙摆尾

左脚落地，右脚在左脚前一步落地，迅速抬左脚向右后踹蹬；同时速出右掌拍击左脚掌内侧，左掌展于前上方，掌心斜向前，掌指斜向上；目视右侧。（图49）

上述动作不停，以右脚为轴，身体向右转180度，左脚再向外摆踹；左掌迅速下落，拍击左脚掌外侧，右掌上撑于头上前方，掌心斜向前，掌指斜向左；目视左侧。（图50）

图 49

图 50

38.飞上天堂

左脚不落地，右脚速抬起，向前上方弹摆；当全身腾空时，速出双掌由右向左拍击右脚面；目视两掌。（图51）

39.弯弓射雁

两脚落地，然后两脚踉地，身体向左转90度，右腿屈膝成右弓步；两掌落于胸前交合，左掌迅速推向前方，掌心向前，掌指向上，右臂屈肘，右掌护于右肋侧，掌心斜向下，掌指斜向上；目视左掌。（图52）

图 51

图 52

40.迷糊手

抬右脚移于左脚前半步成虚步；两手由外向内交合成下叉手，左掌在内，右掌在外，掌心斜向下，两掌指斜向前；目视前方。（图53）

上述动作不停，右脚向后撤一步，落于左脚后，身体向右转180度；两手分开，再交合于胸前成下叉手，右掌在下，左掌在上，掌心向下；目视两掌。（图54）

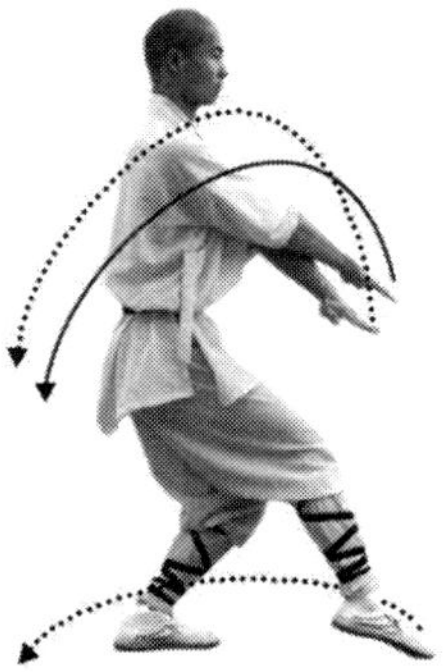

图 53

图 54

上述动作不停，左脚向右移步，落于右脚前半步成左虚步；两手同时向外旋腕，然后右手由下向上架于头上前方，掌心斜向上，掌指向左，左手由下向后甩成反勾手，勾尖向上；目视左侧方。（图55）

41.罗汉还礼

左脚撤步，与右脚并拢站立；右掌下落于胸前，左勾手变掌由后前穿在胸前，与右掌交合成下叉手，然后右掌由前向右再向上横架于头上前方，掌心向上，掌指斜向左，左掌由前向上向左再向下端于腹部，掌心向上，掌指向右；目视前方。（图56）

图 55

图 56

42.罗汉合十

两脚不动；左掌上举，与右掌共同外展，向两侧画弧，再向下向里上抱于胸前，成十字叉手，左掌在内，右掌在外，两掌心向外，掌指向上；目视前方。（图57）

收　势

两脚不动；两掌下落再向外向上向里画弧，然后下落于两胯外侧，掌心向内，掌指向下；目视正前方。（图58）

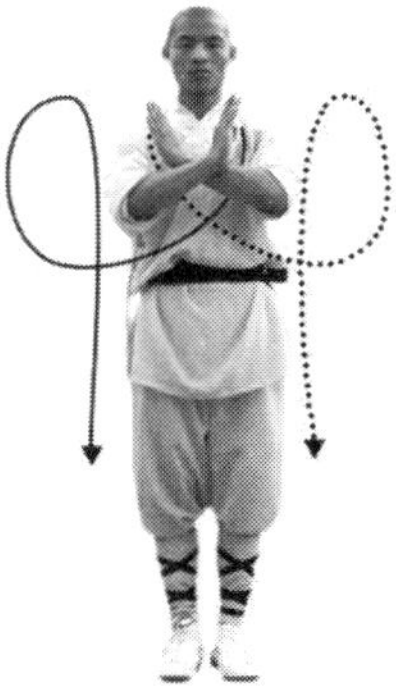

图 57

图 58

七路少林金刚拳

动作名称

预备势
1.独龙出洞
2.金雕展翅
3.野马弹踢
4.怀中抱月
5.倒踢北斗
6.魁星抱斗
7.野马转峰
8.恶虎登山
9.黄龙搅海
10.踮步横云
11.搅水横云
12.棒打仙桃
13.撒豆成兵
14.棒打仙桃
15.撒豆成兵
16.棒打仙桃
17.撒豆成兵
18.野马上槽
19.棒打仙桃
20.撒豆成兵
21.野马上槽
22.棒打仙桃
23.撒豆成兵
24.旱地栽花
25.梨花传令
26.金甲护身（一）
27.金甲护身（二）
28.金甲护身（三）
29.金甲护身（四）
30.金甲护身（五）
31.金甲护身（六）
32.黄龙搅海
33.撒豆成兵
34.黄龙搅海
35.撒豆成兵
36.鹞子抓肩
37.罗汉敲钟
38.鹞子抓肩
39.罗汉敲钟
40.独立栽花
41.独立拜佛
42.飞上天堂
43.弯弓射雁
44.迷糊手
45.罗汉还礼
46.罗汉合十
收　势

动作图解

预备势

身体挺直，两臂自然下垂，两手五指并拢，掌心向内，掌指向下；两腿挺直并立，两脚成八字；目视正前方。（图1）

1.独龙出洞

两脚踩地，身体向左转90度，抬右腿原地震脚落地，同时左脚上前一步屈膝成左弓步；两手同时变拳，由前向左向上方画弧再向下向前直臂冲出，拳心向下；目视两拳。（图2）

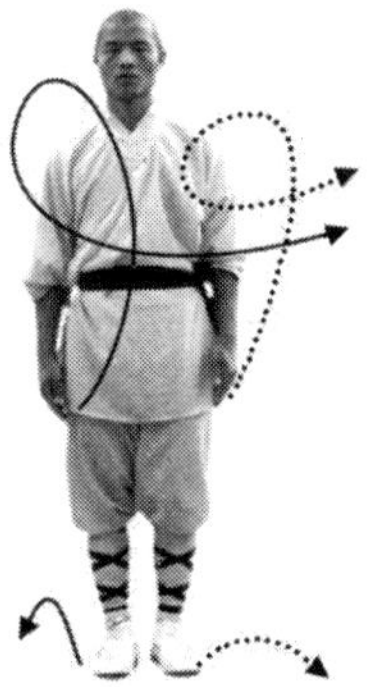

图 1

图 2

2.金雕展翅

左脚向后收回半步，脚尖点地成左虚步，右腿屈膝半蹲；同时两拳由前向上向后再向两侧下方画弧，抱于两肋外侧，拳心向内；目视前方。（图3）

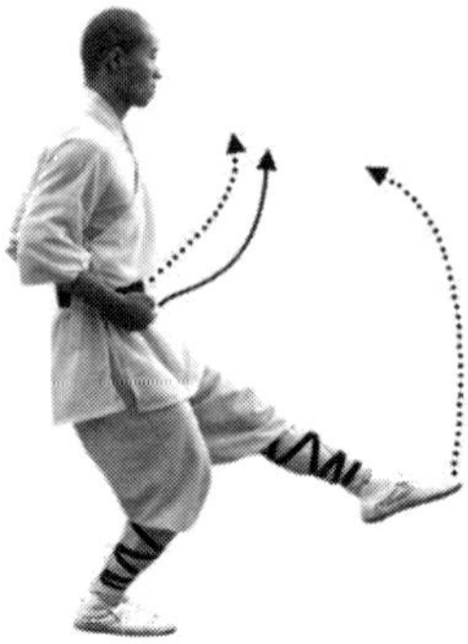

图 3

3.野马弹踢

右腿直立，速抬左腿向前猛力弹踢；两拳不变；目视前方。（图4）

4.怀中抱月

左脚在前方落地，速抬右脚上前与左脚并步站立；同时两拳迅速变掌由前向上再向两侧下方划弧外展，然后屈肘交叉，抱于胸前，左掌在内，右掌在外，两掌心斜向外，掌指向上；目视前方。（图5）

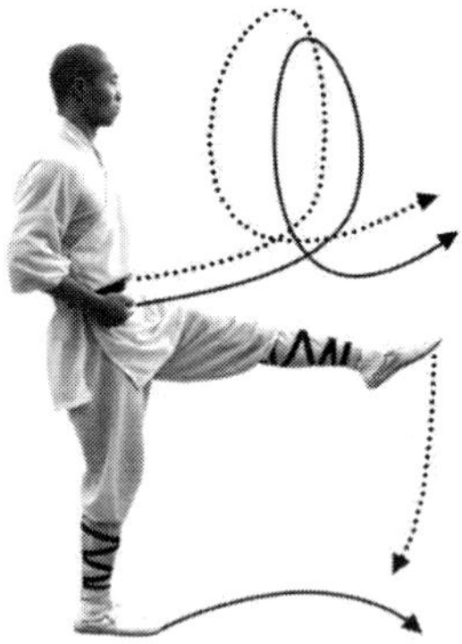

图 4

图 5

5.倒踢北斗

两脚跳起，身体向右转180度，抬右腿向前弹踢；同时两掌变拳，左拳架于左肋外侧，拳心向右，拳眼向下，右臂屈肘，右拳紧抱于左肋前侧，拳心向内，拳眼斜向上；目视右脚。（图6）

6.魁星抱斗

右脚在身体右侧落地，同时左腿提起，成独立势；两拳同时由左向右再向上向左，在胸前画弧（左拳内、右拳外），然后右拳举于头上右侧，拳心向前，左臂屈肘，左拳护于右腋下，拳心向内；目视左侧。（图7）

图 6

图 7

7.野马转峰

右脚原地不动，左脚向前猛力弹踢；两拳不变；目视左侧。（图8）

8.恶虎登山

左脚落地，两脚踝地，身体向左转90度，左腿屈膝成左弓步；右拳由后向前直臂冲出，拳心向下，高与肩平，左臂屈肘，左拳抱于左肋前下侧，拳心向上；目视右拳。（图9）

图 8

图 9

9.黄龙搅海

两腿向前踮跳一步落地，屈膝成左弓步；在踮跳的同时，左拳由内向上向外再向下画弧，然后再向外上方崩击，拳心向右，右臂屈肘，右拳收抱右于肋下，拳心向上；目视左拳。（图10）

上述动作不停，两脚踝地，身体向右转180度，两脚向前踮跳一步，右腿屈膝成右弓步；速用右拳由内向外向下画弧，然后由下向上崩击，拳心向左；左臂屈肘，左拳收护于右肋前，拳心向内；目视前方。（图11）

图 10

图 11

10.踮步横云

两脚向前踮跳一步，右腿屈膝成右弓步；右拳由外向下再向里向上画弧，然后向外崩击，拳心向左，左臂屈肘，左拳护于右肋前，拳心向内；目视前方。（图12）

图 12

11.搅水横云

两脚踮地，身体向左转180度，两脚向前踮跳一步，左腿屈膝

成左弓步；左拳由内向上向外再向下画弧，然后向外崩击，拳心向右，右臂屈肘，右拳护于右肋下，拳心向上；目视前方。（图13）

上述动作不停，两脚蹍地，身体向右转180度，两脚向前踮跳一步，右腿屈膝成右弓步；右拳伸直由前向外向下再向上画弧，然后再向外崩击，拳心向左，左臂屈肘，左拳抱于左肋下，拳心向内；目视前方。（图14）

图 13

图 14

12.棒打仙桃

两脚稍向前踮跳一步，右腿屈膝成右弓步；右拳由前向下猛劈于左膝内侧，拳心斜向下，左臂屈肘，左拳护于腹前，拳心向内；目视前方。（图15）

13.撒豆成兵

两脚稍向前踮跳，屈膝成右弓步；两拳变掌，右掌向前猛展，掌心向左，掌指向前，左臂屈肘，左掌护于胸前，掌心向右，掌指

斜向前；目视右掌。（图16）

图 15

图 16

14.棒打仙桃

左脚抬起落于右脚前一步，屈膝成左弓步；两掌变拳，左拳由上向下猛劈于左膝内侧，拳心斜向下，右臂屈肘，右掌护于右肋下，拳心向上；目视左前方。（图17）

15.撒豆成兵

两脚向前踮跳，屈膝成左弓步；两拳变掌，左掌向前猛展，掌心向右，掌指向前，右臂屈肘，右掌护于胸前，掌心向左，掌指斜向前；目视左掌。（图18）

16.棒打仙桃

两脚踉地，身体向右转180度，两脚向前踮跳一步，右腿屈膝成右弓步；两掌变拳，右拳向前向下猛劈于右膝内侧，拳心斜向下，左臂屈肘，左拳收护于左肋下，拳心向上；目视前方。（图19）

图 17

图 18

17.撒豆成兵

两脚向前踮跳，右腿屈膝成右弓步；两拳变掌，右掌向前猛展，掌心向左，掌指斜向上，左臂屈肘，左掌护于左肋下，掌心向内，掌指斜向上；目视右掌。（图20）

图 19

图 20

18.野马上槽

左脚抬起，向前弹踢；两掌变拳，左拳向前冲击，拳头高与肩平，拳

心向下，右臂屈肘，右拳护于右肋外侧，拳心向上；目视左脚。（图21）

19.棒打仙桃

左脚在前方一步落地，屈膝成左弓步；左拳由前向下猛劈于左膝内侧，拳心斜向下，右臂屈肘，右拳护于右肋下，拳心向上；目视前方。（图22）

图 21

图 22

20.撒豆成兵

两脚向前稍踮跳，左腿屈膝成左弓步；两拳变掌，左掌向前猛展，掌心向右，掌指向前，右臂屈肘，右掌护于右肋下，掌心斜向上，掌指斜向下；目视左掌。（图23）

21.野马上槽

右腿抬起，向前弹踢；两掌变拳，右拳向前冲击，拳高约与胸平，拳心向下，左臂屈肘，左拳护于左肋外侧，拳心向上；目视前方。（图24）

图 23

图 24

22.棒打仙桃

右脚在前方一步落地，屈膝成右弓步；右拳由上向下猛劈于右膝内侧，拳心斜向下；左臂屈肘，左拳护于左肋下，拳心向上；目视前方。（图25）

23.撒豆成兵

两脚向前稍踮跳，屈膝成右弓步；两拳变掌，右掌向前猛力展出，掌心向前，掌指斜向上，左臂屈肘，左掌护于左肋下，掌心向内，掌指斜向前；目视右掌。（图26）

图 25

图 26

24.旱地栽花

两脚踩地，身体稍向左转，抬右脚与左脚并步震脚，两腿屈膝下蹲；两掌变拳，右拳由上向下栽击，拳心向左，拳眼向前，左臂屈肘，左拳护于左肋外侧，拳心向上；目视右前方。（图27）

25.梨花传令

抬右脚向右一步，两脚踩地，身体稍向右转，速抬左脚与右脚并步；右拳向前击出，高与肩平，拳心向下，左臂屈肘，左拳护于左肋侧，拳心向上；目视右拳。（图28）

图 27

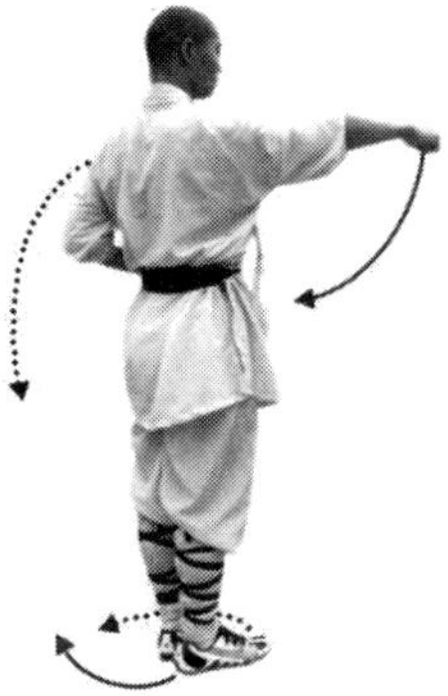

图 28

26.金甲护身（一）

左脚后撤一步，右脚再向后撤一步，落于左脚后，左腿屈膝成左弓步；上身稍向右转，两拳向前后冲出，右拳在前，拳心向下，拳眼向左，左拳在后，拳心向上，拳眼向右；目视右拳。（图29）

27.金甲护身（二）

左脚向后撤一步，右腿屈膝成右弓步；两臂屈肘，两拳向两胯后侧砸去，拳心向外；目视前方。（图30）

图 29

图 30

28.金甲护身（三）

两脚蹍地，身体向左转90度，右腿屈膝成右弓步；两拳向两侧冲出，拳心向下，拳眼向前；目视前方。（图31）

图 31

29.金甲护身（四）

两脚不动；两臂屈肘，两拳向两侧下落砸击两胯后侧；目视前方。（图32）

30.金甲护身（五）

右脚不动，左脚向前一步落地，屈膝成左弓步；左拳由身后向前猛力击出，拳心向右；右臂屈肘，右拳收抱于右肋侧，拳心向上；目视左拳。（图33）

图 32

图 33

31.金甲护身（六）

两脚蹍地，身体向右转90度，同时抬右脚落于左脚后一步；两拳用力向两胯后猛砸，拳心向外；目视前方。（图34）

32.黄龙搅海

左脚不动，抬右脚落于左脚前一步，屈膝成右弓步；右拳由身后向前上方猛力崩出，拳心向左；左臂屈肘，左拳护于左肋外侧；

目视右拳。（图35）

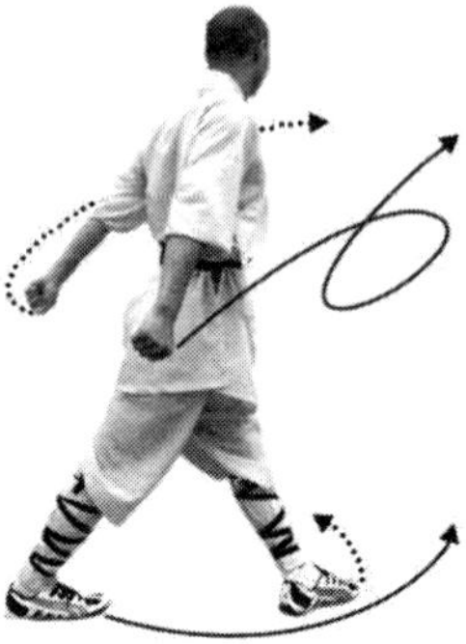

图 34

图 35

33.撒豆成兵

两脚向前踮跳，落地成右弓步；两拳变掌，右掌用力向前展出，掌心向左，掌指斜向上，左臂屈肘，左掌收抱于左肋下，掌心向内，掌指斜向下；目视前方。（图36）

34.黄龙搅海

抬左脚落于右脚前一步，屈膝成左弓步；两掌变拳，左拳向前向外向下再向里向上画弧，然后向外崩击，右臂屈肘，右拳收抱于右肋下，拳心向上；目视左拳。（图37）

图 36

图 37

35.撒豆成兵

两脚向前踮跳，落地成左弓步；两拳变掌，左掌用力向前展开，掌心向右，掌指斜向上，右臂屈肘，右掌收抱于右肋下，掌心向上，掌指斜向前；目视左掌。（图38）

36.鹞子抓肩

抬右脚落于左脚前一步，两脚踉地，身体向左转90度，两腿屈膝下蹲成马步；两掌变拳，右拳向右下方崩出，拳心斜向下，左臂屈肘，左拳收抱于左肋下；目视右拳。（图39）

图 38

图 39

37.罗汉敲钟

两脚向右踮跳一步，两腿马步不变；两拳变掌，右掌由下向右上方崩击，掌心向外，掌指斜向上，左掌按右肩；目视右掌。（图40）

38.鹞子抓肩

两脚向左踮跳一步，两腿马步不变；右掌向左肩猛力按压，左掌变拳向左下方崩击，拳心斜向下；目视左拳。（图41）

图 40

图 41

39.罗汉敲钟

两脚向左踮跳一步，两腿马步不变；左拳由下向里再向上画弧，然后向左上方崩击，拳心向外，右手护左肩不变；目视左拳。（图42）

40.独立栽花

左脚向左侧移步震脚，右腿提起，成独立势；左拳向左下方猛力栽击，拳心斜向内，右臂屈肘，右掌变拳护于右肋前，拳心向上；目视左拳。（图43）

图 42

图 43

41.独立拜佛

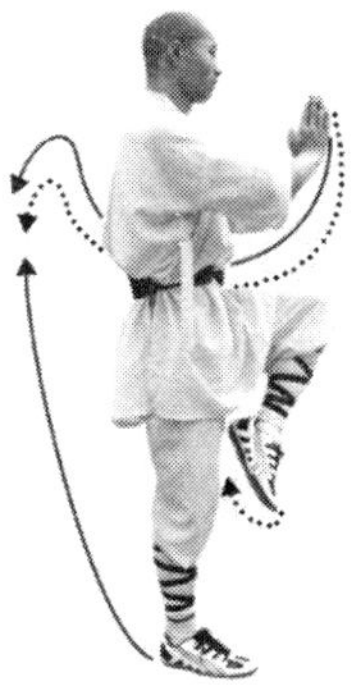

图 44

右脚于左脚后半步落地，两脚踝地，身体向右转180度，提左腿成独立势；两臂屈肘，两掌合掌，掌指向上拱于胸前；目视两掌。（图44）

42.飞上天堂

左脚不落地，右脚速抬起，向前上方弹摆；当全身腾空时，速出双掌由右向左拍击右脚面；目视两掌。（图45）

43.弯弓射雁

两脚落地，然后两脚踝地，身体向左转90度，右腿屈膝，成右弓步；两掌落于胸前交合，左掌迅速推向前方，掌心向前，掌指向上，右臂屈肘，右掌护于右肋侧，掌心斜向下，掌指斜向上；目视左掌。（图46）

图 45

图 46

44.迷糊手

抬右脚移于左脚前半步成虚步；两手由外向内交合成下叉手，左掌在内，右掌在外，掌心斜向下，两掌指斜向前；目视前方。（图47）

上述动作不停，右脚向后撤一步，落于左脚后，身体向右转180度；两手分开，再交合于胸前成下叉手，右掌在下，左掌在上，掌心向下；目视两掌。（图48）

图 47

图 48

上述动作不停，左脚向右移步，落于右脚前半步成左虚步；两手同时向外旋腕，然后右手由下向上架于头上前方，掌心斜向上，掌指向左，左手由下向后甩成反勾手，勾尖向上；目视左侧方。（图49）

45.罗汉还礼

左脚撤步，与右脚并拢站立；右掌下落于胸前，左勾手变掌由后前穿在胸前，与右掌交合成下叉手，然后右掌由前向右再向上横架于头上前方，掌心向上，掌指斜向左，左掌由前向上向左再向下端于腹部，掌心向上，掌指向右；目视前方。（图50）

图 49

图 50

46.罗汉合十

两脚不动；左掌上举，与右掌共同外展，向两侧画弧，再向下向里上抱于胸前，成十字叉手，左掌在内，右掌在外，两掌心向外，掌指向上；目视前方。（图51）

收 势

两脚不动；两掌下落再向外向上向里画弧，然后下落于两胯外侧，掌心向内，掌指向下；目视正前方。（图52）

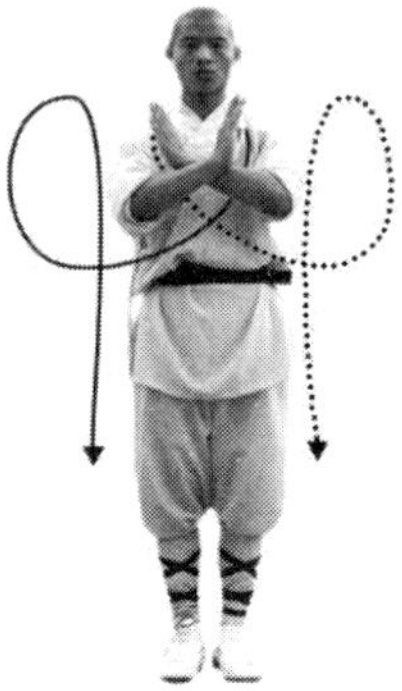

图 51

图 52